愛こそすべて

エッセンシャルオイルの世界的権威
ミカエル・ザヤットが紡ぐ珠玉の言葉たち

ミカエル・ザヤット／藤波直子 編・著

まえがき

　エッセンシャル・オイルの世界的権威にして、哲人、ミカエル・ザヤット……。

　ミカエルのところを訪れて教えを請い、インスピレーションを得てその後アロマ関連のビジネスで成功したり、本を書いた人達がたくさんいます。

　心ある人は著書の中でミカエルに謝辞を述べていますが、ミカエルのオフィスに何日も滞在し、情報だけもらって２度と連絡しない人もいます。

　ミカエル自身はといいますと、名声にも経済的成功にも興味がなく、「暮らしていけたら十分だ」と言います。

　ミカエル自身の著書を書いてほしいという声は毎日聞きますが、来客で忙しいミカエルにその時間はありません。　彼の知識と経験は膨大で、どの「引き出し」から始めたらいいのか測りかねる、ということもあると思います。

　よって、彼の生徒であり、魂の家族である私が彼について書くことを引き受けさせていただきました。

　ミカエル・ザヤットという人間の魅力は、その親しみやすさと叡智が共存しているところです。

　気軽に日常会話をしていたら突然深淵で霊的な知識について彼は話し始めることがあり、驚きあわてふためくことが何度もあってから私は録音機を持ち歩くようになりました。

　この本はその録音を元にして作られたものです。

　読者の方にミカエルの言葉の中から共鳴するものを選んでいただき、噛み締めてご自分のものにしていただけたら、と思い編集をさせていただきました。

　アロマについて、もしくは愛について語る方はそれぞれこの地球上にたくさんいらっしゃいますが、ミカエルは愛とアロマの両方に関して語ることについてのこの星の第一人者です。

この本を通じてミカエル・ザヤットという人間を知っていただき、その
エッセンスを取り入れ、人生に愛があふれる方が増えたらこんなにうれし
いことはありません。

　子供と賢者が同時に存在していい、ということをミカエルは私に教えて
くれました。「こうであらねばならない」という社会的な押し付けを取っ
払って、子どものように純粋によろこびと愛にあふれた生き方ができるこ
とを知り、行動できることが可能であることを体験し、ゆたかでしあわせ
な人生を読者の方が送ることが私の願いです。

　「自己否定」は現代の病です。

画一的な教育を幼少期から与えられる私たちは、自分は間違っていないか、
常に心のどこかで怖れています。

　その根っこには自分は愛されない存在ではないのではないか、という怖
れがあり、そのために他人に認められようと努力し、思った通りにいかな
いと「自己否定」という思考を持つようになり、それは子供の頃から始まっ
て人格の形成に関係します。

　ミカエルは「自己否定」を持つ人を瞬時に見抜き、「自分で自分を愛し
なさい」と説きます。

　自分に自信がなく、愛は苦しまないと得られないものと思っているすべ
ての方々は、愛に関する幻想を払拭し、真実の愛を知っていただけたらと
思います。

　自分が住んでいる町にたとえミカエルがいなくても、そして家族も友人
もおらず、たったひとりぼっちだとしても、愛を見つけることは可能です。

　それはすべて自分から始まる、というミカエルの思考を頭の中に移植し
てください。

藤波直子

ミカエル・ザヤットについて

　ミカエル・ザヤットという人を見ていると、「レ・ミゼラブル」に出てくる、主人公ジャン・バルジャンから食器を盗まれた司教を思い出します。

　物語の中で司教は逮捕されたジャン・バルジャンに、「なぜ燭台も持っていかなかったのだ?」と言って盗んだ食器と共に燭台も持たせ、人への憎悪でいっぱいだったジャンに衝撃を与えます。

　ミカエルといっしょにいても、よく「どうしてそこまでするの?」と聞くことがあります。そうすると彼は「だって必要だから」とニコニコしながら言うのです。

　よって彼のところには助けを求めて、たくさんの人がやってきます。彼の専門である心身に効く精油のアドバイスよりも、彼に会って心の慰めを得たいという人も多いため、彼のオフィスにいるとどこかの時代の修道院にいるような気もちになります(もちろん、精油のアドバイスを求める人もたくさんいます!)。

　ミカエルは相手を決して批判しないからだと思います。

　いい・悪いを判断せず、相手がどんな状況であれ100%受け入れる子供に対する母親の愛のような持ち主だということを彼のもとを訪れる人は知っているのです。

ミカエル・ザヤット　*Mikael Zayat*

ミカエル・ザヤット　エジプト・カイロ出身。シリア系錬金術師の家系に生まれる。父親は教師、父方の曽祖父がシリアのダマスカス出身。両親の影響で医者に行かず、ハーバリストに健康面の面倒を見てもらいながら育ち、幼少期より植物に興味を持つ。カイロ大学で経済学を学んだ後カナダで教育を受け、エジプトに戻りエジプトの教育大臣・ターハー・フセイン氏に師事。博士課程でオールAだったため奨学金が出てカナダのオタワ大学へ留学しA・P・ラムナス氏に師事し、国際教育学を学ぶ。その後問題のある子どもの学校の教師を務め、子どもたちと関わることで正しく食べ、ハーブを使って身体を癒やす重要性を知る。その後8年に渡って自殺防止ホットラインセンターのマネジャーを務める。30年以上にわたり、臨床アロマセラピスト、ハーバリストとして経験を積む。また、カナダで蒸留を始めて20年以上になる。カナダエッセンシャルオイルリサーチセンター代表、ケベックエッセンシャルオイル蒸留者協会会長、ジャルダン・ドゥ・ヴィ・アカデミー学校長、ヨーロピアン・インスティテュート・オブ・ナチュラルヘルス教授。肉体的治療はもとより、メンタル面の問題に対処するエッセンシャル・オイルの精製・調合、使い方の世界的権威。

ミカエルより日本のみなさまへ

ハートをおざなりにするということは

自分の聖なるスピリットを掃除機で吸うようなものです。

多くの人は信じていることを手放すことを怖れていますが、

自然の中に行って静かに座ると花や虫の中に神を見つけることができます。

私たちには五感があり、そのことによって環境とつながることができます。

日本人は元々自然と美を愛してきた日出ずる国に住んでいます。

これだけのテクノロジーを発達させてきたのですから、

もう環境と人間に目を向けるべきです。

今、地球は緊急事態です。

日本人はとてもクリエイティブな民族ですから、

自然と共存することのパイオニアになることができるはずです。

自尊心をしっかり取り戻し、前に進み、世界のリーダーになってください。

ミカエル・ザヤット

まえがき	2
ミカエル・ザヤットについて	4
ミカエルより日本のみなさまへ	5

第1章「愛」編　7

「愛しかいらない」〜All You Need Is Love〜	8
愛	10

第2章「アロマ・植物」編　23

植物	24
カナダの精油	36

第3章「神」編　39

神	40

第4章「癒し」編　55

癒し	56
インナーチャイルド	64
許し（ホ・オポノポノ）	70

第5章「叡智」編　71

【光と闇】	72
【生と死】	75
【人間社会】	75
【日々意識すること】	76
【錬金術】	82
【よろこび・しあわせ・ハート】	82
【石・クリスタル】	83
【カルマ】	84
【受け取り、与えること】	84
【男性と女性・セクシャリティ】	86
【宇宙・地球】	90
【日本】	94

第1章

愛

編

「愛しかいらない」~All you need is Love~

　ミカエル・ザヤットはエジプトのカイロで、先祖代々シリアの錬金術師の家系であり、カトリック教徒だった両親のもとに生まれました（お父さんがシリア人とレバノン人のハーフ、お母さんがシリア人とトルコ人のハーフです。「ザヤット」はお父さん方の名字で、「油を売る者」という意味があります）。

　イスラム教圏の中のキリスト教徒という環境は彼の思想に影響を与え、子供の頃はキリスト教の学校の修道士に教育を受けています。

　そのためにミカエルはイエス・キリストの愛について、また聖書の中の精油の使い方についてよく話します。

　この本の中でイエス・キリストの話が出てくるのはそういった背景を持っているためです。

　同時にミカエルはハワイアンの考え方である「ホ・オポノポノ」〔人間関係で対立した時に許しのエネルギーを交換し、本来の「ポノ」（ハワイ語で正しいという意味）に戻す方法〕も取り入れていますし、古代エジプトの信仰についても話します。

　カナダのケベック州に長く住んでいるため、その土地に昔住んでいたネイティブカナダディアンの植物の使い方にも精通しています。

　そのすべての根底にあるのは「無条件の愛」というあり方です。

　どの文化でも愛をベースにした価値観を彼は何でも取り入れます。

「愛だけが正解なんだよ」

とミカエルは言います。

愛

・人間とのかかわりあい方でいうと、植物は地球上に住む動物・人間
　の吐いた息を受け取り、酸素を作り、食べ物を作ってくれる。
　植物は「愛する」という行為そのものなんだよ。
　植物に対して、「たくさん受け取っています。ありがとう」
　ということを意識しなくてはね。

・与えることが愛であり、ただ存在することが愛なんだ。
　愛しか存在していない。

・そのままの自分を許す。
　そのままの他人を許す。
　人間であることを受け入れるんだ。

・地球に愛を学びにきたんだよ。

・愛は与えること。愛はただ「在る」こと。

・そのままのその人を許すこと。
　大事なことを教えてくれているから。

・ハートのいうとおりにしてみて。
　人生を楽しんで。お互い愛しあって。
　敵を愛して。
　敵を君の友だちにしちゃうんだよ！

敵は、何かを教えてくれる友人なんだ。
敵を愛せるようになったら、あなたは幸福になる。

・愛だけが私たちを自由にする。

・他人を受け入れられない、という状態から愛を選ぶんだ。
　私たちは本来自由な存在だからこそ、この「選ぶ」という可能性を
　持っている。
　自由がないところに愛はない。
　愛は選択なんだ。

・愛したら、そこに怖れはいられなくなる。

・人に奉仕する時に気をつけるのは、押し付けになってはいけないと
　いうこと。
　誰もがそれぞれの体験をする自由がある。
　誰にも何も無理やり押しつけてはいけない。

・愛は光が投影・反射したもの。
　それは中からやってくる。

・「条件付けの愛」から自由になるか、ならないかは選択の問題だ。
　「私は『愛すること』を選ぶ」と言う時のエネルギーは自由な状態
　を作り出す。
　自由じゃなかったらあなたは愛することができない。
　たとえ奴隷であっても自由になることはできる、選ぶだけだから。
　「私は○○をすることを選ぶ」もしくは「私は○○が義務である」、

どちらを選択する？
奴隷を体験することで所有やお金について
学ぶことができたという側面もあるよね。

Q：攻撃に防御は必要なのでは？
ミカエル：いや、いらない。
愛をもって防御しない方が誰も攻撃しない。

Q：でも強さがないと防御ナシの状態は難しいのでは？
ミカエル：その通り。メンタルの強さがいる。

Q：メンタルを強く保つにはどうしたらいい？
ミカエル：インナーチャイルドをケアすること。

Q：あなたにとってインナーチャイルドとは？
ミカエル：インナーチャイルドは「本当の自分」だ。
それは他人の期待といった外部の条件付け以前の自分なんだよね。
それは自己存在（who I am）であり、内なる神の部分でもある。
医者になるためには規則があるのは
裁判されないように気をつけなくてはいけないから。
インナーチャイルドは条件付け以前の愛の存在なんだ。
だから人を愛することができるようになるんだ。
愛しかいらない、とルールを破るんだ。
ジョン・レノンの「イマジン」の歌詞みたいに。

・地球から愛を受け取り、地球に愛を送ります。
宇宙から愛を受け取り、宇宙に愛を送ります。

すべての人に愛を送り、人類から愛を受け取ります。

・私たちは愛しかいらない。
　愛がすべてなんだ。

・条件付けから自分を解放して、自分をとっても大事にして、
　愛のエネルギーを運ぶんだ。

・愛は努力しなくていいし、待たなくていい。

・愛は水のようなもの。
　水はそこにあるけど、むりやり飲ませることはできない。
　助けたい時は愛を提供してもいいけど、むりに飲ませないこと。

・ハートから与えて、他の人がそれを受け取る時、あなたも受け取っ
　ている。
　愛を与える状況になった時、あなたは光（愛）を放射し、
　同時にその光の反射に包まれる。
　愛を与える相手は光を反射する。
　愛とは光の反射なんだ。

・愛に計算はない。

・法に従うな。愛に従え。

・私は愛を選ぶ。
　私は愛することを選ぶ。

厳しい状況にいる時でも愛を選ぶ。

愛だけが正解なのだ。

選択というものがなかったら愛はその価値を失う。

この地球に生きるということは

ただどうしようもない状況を受け入れることではない。

自分が傷つく状況であっても愛を選ぶこと自体が愛なんだ。

その体験を教えとして受け取る、体験として受け取る。そして与え
られたからには愛を与え返す。

誰かが好ましくなかったとしても愛を与える。

愛がすべての答えだ。

僕はビートルズで育ったからね。

「All you need is Love.」

・自分や他人を愛する前に自分を許すことが必要。

・「敵はいない」というのが変容のためのベストな考え方なんだ。
　「敵イコール何かを教えてくれる友達」として見ること。

・真実の愛とは相手が何をしたとしても愛する母の愛だ。

・他人が成長するのを助けるのが愛だ。
　私たちは地球で生きて、成長するために来ている。
　障害物があるからこそ成長できる。
　もっと愛するため、しあわせになるために成長する。
　私たちには選択の自由がある。
　成長することに抵抗することも、抵抗せず愛することも選べる。
　自由がなかったら愛は存在しない。

愛は選択である。

・「愛を奪う人について」
　持っていないものを与えることはできない。
　バケツが空っぽだったら与えることができないよ。
　ポケットに何も入っていなかったら何も渡せない。
　まずハートを愛で満たすんだ。
　そして愛を受け取るんだ。
　奪う人は受け取っていないんだよ。
　彼らは愛を積み上げるだけで、受け取っていない。
　それは愛を金庫に入れているようなものだ。
　金庫におカネや金塊を積み上げるのは古いやり方だ。

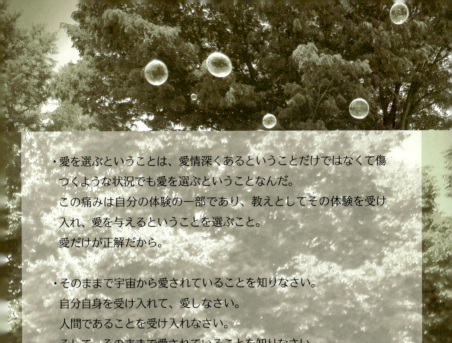

・愛を選ぶということは、愛情深くあるということだけではなくて傷つくような状況でも愛を選ぶということなんだ。
この痛みは自分の体験の一部であり、教えとしてその体験を受け入れ、愛を与えるということを選ぶこと。
愛だけが正解だから。

・そのままで宇宙から愛されていることを知りなさい。
自分自身を受け入れて、愛しなさい。
人間であることを受け入れなさい。
そして、そのままで愛されていることを知りなさい。

・愛とは与えること、気遣うこと、自分と調和していること。
他人をそのまま認めること。
破壊する人すら愛するんだ。
彼らも宇宙の一部であり、何かを教えてくれる存在なのだから。

Q：あなたが自分を愛するようになったのはいつから？
　ミカエル：夜明けみたいなもので、時間では計れない。
太陽が出る前から空は明るいでしょ。
カンタンにはいかないかもしれないけれども、
それはハートに種をまくようなもの。
種は最初に根っこをはる。その後は外からのケアが必要になる。
水や、土など、周囲の環境を整える。
まず根をはって、それから芽を出す、ということ。

・僕にとって愛とは受け入れること。
しかし自分に制限があったら受け入れることはできない。
愛とは自由であること、というのはそういう意味なんだ。

・愛はよろこびだ。満ち足りた感覚。それは美しいものを創り出すという選択。
愛は選択だ。

— 22 —

第 2 章

アロマ・植物編

植物

「精油は物質にスピリットが宿ったものである」
「植物は濃縮された光である」
　　　　　　　　──ミカエル・ザヤット

　ミカエルは「エッセンシャルオイル」と呼ぶことをあまり好みません。
植物の芳香成分は「オイル」つまり「油脂」ではないからです。
よって彼は精油のことを「アロマティック・エッセンス」と言います。
　植物への思いを彼は次のように語っています。
　「植物は太陽からいのちをもらう。
私たちがいただく植物のパワーは光である。光がなかったら私たち
は生きていけないのだ。植物を食べることによって、私たちは光を
いただく。
　その光が変容して有機体になる。
植物と人間はすばらしい交流関係にある。植物に対して人間は『た
くさん受け取っています。ありがとうございます』と意識的になっ
たほうがいい。
　私は問題児を集めた学校の教師だった。いっしょにご飯を作って
食べたり、型破りだったが生徒たちとは仲がよかった。しかし夏休
みの間に学校が火事になり、違う場所での教育を提案されたけРど
それを断って校舎の外でホリスティックなことやナチュラルなことを
教える自分のアカデミーを作った。アカデミーというのはプラトン
が始めたもので、彼は家や庭や散歩しながら教えたんだ」

・精油のふたを開けた瞬間にスピリットが広がる。

・多様性がありながら、植物たちは共存している。

・蒸留とは、蒸気が植物の細胞を開くこと。

・自閉症の子どもたち、つまりインディゴチルドレンと呼ばれる子ど
　もたちは地球のバランスを取っている存在。
　そういった子どもたちは感性が鋭いため、アロマティック・エッセ
　ンスやクリスタルをそばに置いておくといい。

・ブレンドを作ることは絵を描いたりするアートワークのようなもの。
　作っている時にハートで何を感じているかが一番重要。

・ブレンドは瞑想だ。
　ハートを開いて、ガイダンスを待つ。頭で考え始めると、疑問が
　出てきたり、否定が出てくるので、ハートでブレンドをするんだ。
　そうするとエッセンスが、自然に動き出す。

・自然を観察しているとたくさん学ぶことができる。
　たとえば木を見ていると、彼らはなんの条件付けもしない。
　彼らは私たちに果物を与え、影を与える。
　そして、美しい。僕達みたいにね。

・アロマセラピーは窓から差す小さな光のようなものだ。

・「愛を意図すること」がアロマのブレンドの主成分だ。ブレンドを創

る時はスピリットとブレンドをつなげるために最後にクリスタルボウルなどの音を鳴らして、そこに意図のパワーを吹き込む。

・人間は木を全部切ってしまってから、自分たちにとって都合のいいように同じ種類と大きさの木だけを植える。
その方が簡単に加工できるからね。
植物がどう生えるかは自然に任せたほうがいい。
ここカナダでは違う種類の多様な針葉樹を植えている。
多様性こそ調和があり、それは美しい。
製薬業界の考え方はそれと全く逆で、病気を治すためにひとつの構成要素しか取り出さない。
植物の効用を知ることは大事だけれども、ブレンドを創るということはそれ以上の行為なんだ。
ブレンドのひとつひとつはそれぞれユニークで、そこに競争はない。
あなたが創るものと同じブレンドを誰も創ることができない。
あなたがブレンドを創る時そのブレンドを使う誰かのために、そこに「意図」と知識を入れる。
もちろんカナダの針葉樹とアメリカの針葉樹は違う。
それぞれの分子構造は違うし、それらを混ぜ合わせた時は結婚の

ようなものになる。

それは料理と同じ、違う素材を組み合わせる。

たとえばケーキを作る時、レーズンと小麦粉と卵を混ぜたら、オムレツを作る時とは完全に違う手順になる。

組み合わせる時にあらたにユニークなものができ上がるんだ。

日本人にとってはそれは華道だ。

お花を生ける時には土台から始めるよね。

華道には調和の美が存在する。

調和の美は、「意図すること」から始まる。

あなたの愛と意図が主成分だ。

私たちはアロマセラピーをその芸術の域まで持っていかなくてはならない。

それは芸術なんだ。

それは物質レベルとは逆の、精神性のレベルでなくてはならない。

それはお母さんが子どもに塗ってあげるオイルであり、そこにはその製品以上の何かが存在する。

何かを癒すには、ただ薬を一錠与えればいいってものではない。

エッセンシャルオイルをブレンドするのは、料理の仕方を教えたり、生花を活けるようなものだ。

まずはじめに、クリスタルボウルで空間を浄化する。
次に私たちの思考から怖れと闇を追い払う。
自分の波動がもっとも重要なんだ。
水がエネルギーをそのまま転写するように、エッセンシャルオイルも同じ事が起きる。
知らない人々には江本勝さんの「水からの伝言」を読ませるといい。
精油にはなんでも望むものを情報転写することができる。
私たちがブレンドに転写するエネルギーは２つの側面をひとつにする。
それは敵との調和をもたらさず、友情的な考え方がない二元論に属するアスピリンや抗生物質とは違う。
最初に意図し、精油をブレンドし、それから儀式をして終える。
ただクリスタルボウルやチベッタンボウルの音を聴くだけでもいい。
何か楽器を使うことは、人々とスピリットをつなげるためにとても重要だ。
それらを使う前には浄化をする。
お香、セージ、塩水やあなたがいいと思ったものを使えばいい。
自分自身の意図をそこに与えればいい。

それらは空間を作るのにも、儀式を終えるのにも使うことができる。

・香りを嗅いだ瞬間、自分の中の叡智とつながって「自分はこうしたい」という望みを選択することができる。

・完熟した果実は枝を折る必要がない。
　それは手に触れたらそっと落ちてくる。
　完熟のタイミングはそれぞれ違う。

・主成分が愛であるお母さんの手はアロマそのものよりも大事であり、アロマセラピーは１種類の成分を取り出すものではなく、精油をまるごと使ったアートである。

・太陽には変容の力があり、植物は光合成を行うことで太陽の変容の力を持つ生きている存在である。

・アロマのブレンドは華道や料理と同じで全体の調和を見ながら行うもの。

最初に意図を明確にして、ブレンドをする。

・ただ1種類の精油を使うのではなく、ブレンドをすることは自然界の営みとまったく同じ、植物たちの「共生」である。
アロマセラピーをする人の中には精油の分子構造の結びつきしか見ない人もいるけれども、植物のエネルギー同士が結びつき、新しいものが生まれる。
色の組み合わせである虹のようにね。

・地球が植物から始まったということは、いのちは植物から始まったということだ。
だから植物を大切にするということは環境を大切にすること。
一方的に植物から奪うのではなく、植物と人間の関係性は愛の循環であるべきだ。
愛でつながること、愛を受け取ること、与えること、思いあうこと、支配ではなく。

すべてにいいというものの見方を持つことが愛の態度だ。
ネガティブなことも「全体」の一部として見ること。
困難も体験の一部として見て、やってくるものすべてを受け取ること。
「この体験はポジティブなものではなかったけれども、学ぶ体験として私はそれを受け入れる。それを尊びすらする。そ

してそれを許し、それを乗り越える」
裁きを超えた時に変容が起きる。
ものの見方を変える、行動を変える、この2つの体験を役に立つものに変容する。

・植物は存在自体が無条件の愛だ。
見返りなしで、人を選ばず太陽の光を届けている。
植物のエネルギーは「ワンネス」の感覚を持っているからだ。
精油は植物のエネルギーそのものなので、自分が愛であるということを意識して使うといいのはそれが理由だよ。
自分を許すことにも使って、愛を受け取り、与えること。
僕は「自分が愛だ」と思い出すためにオイルを作っている。

・精油には女性性と男性性の両方がある。

・エッセンシャルオイルは私たちのエッセンスを助ける。
スピリチュアル・アロマセラピーつまりスピリットを癒すためのアロマセラピーを僕は信じている。
人間には身体、心、スピリットがある。
スピリットは愛であり、内なる神性である。

・植物は愛の存在そのものだ。
すべてを与えてくれるからね。
まずは酸素を与えてくれるでしょ、呼吸のための。
人間が吐き出した二酸化炭素をきれいにしてくれる。
彼らは食べ物も提供してくれる。
植物から受け取る時は常に感謝していないといけない。

— 34 —

ありがとう、と言うんだ。
木とハグする時、それはエネルギー交換だけれども、同時にありがとう、と言わないとダメなんだ。

・いちばんいい教師は木や植物といった大自然だ。
公園に行って木や鳥、動物とつながって。

【カナダの精油】

・カナディアン・ツガ
やさしさと強さをあわせ持った、変化をサポートする精油。
母親のような無条件の愛の質を持つ。
死にゆく時や死を怖れる時に。
再生のオイルでもある。
旅行時におすすめ。

・気分がふさぐ時にはセント・ジョンズワートでマッサージ。

・バルサムファーはよろこびを持ってグラウンディングする精油。
非行に走った子どもにこれでマッサージするといい。
ハートのよろこびを取り戻すと同時に頭脳も明晰にする優れたオイル。
空気中の消毒作用。

・**スプルースたち**
スプルースには白、黒、青、赤、黄、と種類がある。
どれにも共通するのは肉体的・精神的に活性化し、元気になるオイルだということ。
毒出しをし、パワーを与える。
お守りにもなる。

・**ツヤ**
内服も嗅ぐこともNGではありながら、「生命の樹」としてネイティブカナディアンが外用に使用していた精油。虫除けにもいい。
心的トラウマ、依存症、気分の落ち込みにも。
癒し、自分を愛する。ハートを取り戻す。

・**ゴールデンロッド**
太陽神経叢とハートの癒し。

第3章

神

編

神

- 私たちすべてが神の子である。
  自分が神の子である、と受け入れたのがキリストという人。
  彼は謙虚さをもって「私は神である」と言った。
  「神が愛するように」という言葉は、「ジャッジしないで見る」という意味である。
  愛しか存在せず、そのままで私たちは愛されている。
  ジャッジしないためには、人間であることを受け入れること。

- キリストが再生したのは、死への怖れをなくすためである。

- 神はすべてに遍在する。

- 「罪」は存在しない。

- ジーザスは常識とされていた「ものの見方」が違うために殺された。
  犠牲という概念はキリスト的ではなく、僕にとっては愛だけ存在すればいい、という概念がキリスト的だと思う。

- すでに僕たちは救われているし、愛されている。愛のために戦わなくていい。

- 神は内在するものであり、愛も内在するもの。
  愛というのはどういう言動を取るかで決まる。

・ジーザスが処刑される前にマグダラのマリアは彼の足にものすごく
　高価なナードを塗って、「死ぬ人間になぜそんな高価な精油を無駄
　遣いする？」と非難されたけれども、ジーザスは「これはとても重
　要なことだ。彼女はこれから私が体験することのために準備をし
　ている」と言った。
　　自分にとって重要な何かを成し遂げる時、この「いい知らせ（福音）」
　を人々に伝えなくてはならない。
　　「いい知らせ」とは「マグダラのマリアがジーザスを宝物のように
　扱ったこと」すなわち「自分を宝物のように扱うこと」だ。
　　彼は死後、状況的に彼女がそれをできないかもしれないというこ
　とを知っていた。
　（訳注：ナードは死後のプロセスをエネルギー的にサポートします）

・ジーザスの愛のメッセージはいろんな宗教で見つけることができる。
　いちばん近いものを伝えたのがブッダだ。

・人生を生ききりなさい。
　生きて、学んで、愛するんだ。
　なぜならば神は愛だから。
　愛することで神に近づく。
　愛することで愛を受け取る。
　愛を受け取るために待たなくていい。
　愛することの体験が愛を受け取ることだからだ。
　ジーザスのメッセージは愛だけだ。

・隣人を愛すること。すべての人を愛することだ、何の条件もなしに。
　自分と調和が取れていたら自然とそうなる。

— 42 —

自分自身にチューニングを合わせること。

あなたがハッピーだったら、あなたは正しい道を歩んでいる。

・神は私たちから分離しているものではない。

神は理屈ではない。

神は学説的にしたとたんに制限されたものになる。

神に定義はない、無限のものだから。

それは和合（unity）であり、多様性（diversity）だ。

だから universe というんだよ。

神が宇宙（universe）そのものだ。

私たちは人間（human-being）だ。

私たちは時間と空間、過去と未来に生きている。

あなたが今、ここにいる時、あなたは存在（being）している。

私たちには魂があり、霊がある。

神は宇宙だ。

神がどうやってあなたを知るか知っている？

あなたが神そのものだから（知ることができる）。

あなたの中にそれがあり、あなたという存在の一部を形作っているものだから。

自分を裁くあなた自身を許しなさい。

「あの時はああするしかなかった。

あれがベストだったのだ。」

と、すべての体験を受け取ること。

「自分を責める出来事」はすべて過去に起きた体験だよね？

私たちは過去の間違い探しをしているんだ。

愛を選択する時、私たちはそれを乗り越えることができる。

計算なしで私たちが愛する時にね。

— 44 —

私はジーザスの
「神は私たちに愛を与えた。
法に従うのではなく、彼らを許したまえ」
という言葉を信じている。
石打の刑にあうところだった女性を指して、
「誰も罪を犯したことのない者が最初の石を投げなさい」
と言ったらみんないなくなったんだよ。

・私たちは神を分かち合っている。
　この意識にみんな目覚める必要がある。

・宗教は外ではなく、内に向かうものでなくてはならない。
　なぜなら神は中にいるから。
　自分のインナーチャイルドの中に。

・福音（ゴスペル）という言葉は「いい知らせ」という意味がある。
　それは愛についての「いい知らせ」なんだ！
　ジーザスは我々すべてが神の息子であり、娘であることを伝える
　ためにやってきた。
　神は人間みたいに愛を人間から求めるわけでも、上から見ていて
　裁くわけでもない。
　怒ることもない。
　モーゼが神が怒っている、と言ったのは旧約聖書であって古いもの
　だ。
　ジーザスは新約聖書をもたらした。
　それは神の愛を露わにする神との新しい関係だった。
「神に父親のように祈りなさい」

彼と話をするんだ！　パパ！って。
だからジーザスはまったく違う考えをもたらした。
もちろん教会は旧約聖書を使いたがる。
それはパワーで支配したいからだ。
「ジーザスや神に取り次いであげて、許しを与えてあげよう。
そうしなかったら天国に行けない」
と言うのは操作であり、支配だ。
それはジーザスの本当のメッセージではない。
ジーザスが言っていたのは
「過ちを犯しても大丈夫。
私はあなたをさらに愛そう。
なぜならばあなたは私を必要としているから。
あなたは私の愛が必要だ」
ということだ。

・キリストは罪の意識を消しに来た人。
　生きて、学んで、愛することを体験するためにやって来た人。
　愛して、愛を受け取ることをね。

・「隣人を愛せよ」の「隣人」はすべての人、ということ。
　すべての人を愛したら盗まないし、戦わないからね。
　他にルールがいらなくなる。

・キリストと大天使ミカエルは近い。
　大天使ミカエルの教えを体現したのがキリストだ。
　大天使ミカエルはドラゴンを従えているけれども、ドラゴンは羽の
　生えたヘビ、つまり「霊が受肉したこと」を表している。ヘビは肉

体であり、「地」だ。

聖書ではヘビが呼んだから楽園から追放された。

リンゴを食べるということは輪廻の体験を表している。

天に近づくためにはまず下降する必要がある。

大天使ミカエルがドラゴンを地にもたらすのは輪廻するためだ。

ドラゴンは悪を滅ぼす象徴だと勘違いする人がいるけど、違う。

ドラゴンは輪廻してその体験を生きる時に愛を通して学ぶことを教えてくれて、守ってくれる。

・大天使ミカエルは秤を持っている。バランスを取ることを教えるために。

　ジーザスもだ。常にバランスを持って自分を大事にすること。

・ジーザスのメッセージは「愛すること」だ。

　人々がワインを飲み干した時、ジーザスは最高のワインを差し出した。

　よろこびのワインだ。

　最高のものを選んでよろこんでいることが人生では大切だ。

　よろこびがもっとも高い波動なんだよ。

・「神はよろこびだ」というのが福音なんだよ。

・すべてをポジティブに見るのがジーザスだ。

・愛の顔を見せろ、というのがジーザスのメッセージだった。

　戦いに戦いで応酬するな、戦いを挑まれたら相手に違うやり方が

— 50 —

あることを教えるんだ。
誰かがあなたを殴ったとしたらそこには不調和がある。
彼に調和を見せてあげなさい。
日常でそれをやらなければならない。

・人々はジーザスを殺した。
　真実を見たくなかったからだ。
　彼が教えたのは外に求めるのではなく中から自分を救い出すという
　こと。
　東方の三賢者、というのは三大陸の代表、という意味のメタファー
　だった。
　3つの大陸は白、黒、黄という人種のことだ。
　それはユダヤの救世主だけではなく人類すべての救世主だったと
　いうことを伝えている。
　つまりは神はすべての人間のものであるというメッセージなんだ。
　彼を十字架にかけたのは正しいことを伝えたからだ。
　「自分はみんなのためにいる。愛はみんなのためのものだ。法に従
　わず、ハートに従いなさい。神はあなたが何をしていても、いつで
　もあなたを愛している」
・日本人がヤオヨロズ、八百万のカミといったのはすべての人が神だ
　と言いたかったのだと思う。

・キリストは死への怖れを乗り越えることを教えるために十字架にか
　かった。

・神は我々の愛を必要としない。
　神は私たちから何も求めない。

・イエス・キリストを神にしてしまったけれども、すべては神なん
　だよ。
　体験はすべて愛だ。でもそれはすべてをそのままにしておくわけ
　ではない。
　変えるべきことは変えるんだ。

第4章

癒し編

癒し

・怖れベースの社会の中でこそ、怖れではなく愛で行動すること。

・自分の意見を主張するのはいいこと。
　自分の意見を主張しない社会は、ウツや自殺が多くなる。

・何かをやっていて、気分がよかったらあなたは正しい道を歩んで
　いる。気分がよくなることをしなさい。

・自分を自由にしなさい。
　ハートがしたい！　ということをやりなさい。
　ハートの中をのぞきこむんだ。
　ハートに従うこと。
　そこに危険はまったくないから。

・ハートに従うと魔法が現実になる。
　すべてがうまくハマっていくよ。

・「ガン」は不調和から起きる。
　身体中の細胞が調和すると健康になる。
　敵に勝つためには友達になることだ。
　いい歌はいい振動を細胞に与える。
　何が身体と調和するか味わうこと、見ること五感すべてで感じる。
　楽しみ、よく眠ること。
　いいものを食べてよろこびを感じること。

・物理的に何かを変えようとするのではなく、スピリチュアルに物事を変えていけばいい。

・どんな酸性の食物よりも身体を酸性化するのは「ストレス」であり、身体は酸性の状態を除去しようとするため肌に表れる。

・私たちは自然の果実であり、宇宙の果実であるのだから健康でないといけない。

・ものの見方をどうやって変えるか、が重要。
　今の時代は本質とつながっていないから、自分のやり方を真似させるのではなく、その人が本来進むべき道に目覚めさせる。
　より高次元の自分、スピリットとつながるように。
　現実を受け入れて、違う角度から物事をみる。

・身体をリラックスさせること。
　そのために深呼吸しよう。
　頭の中で深呼吸、メンタルで深呼吸。
　あと感情を調和させるために深呼吸。
　この瞬間に意識を合わせるために深呼吸するんだ。

・自分のものの見方をどうやって変えるかを探すことが癒しだ。

・自分を愛とエネルギーで満たし、過去の心配をすべて手放す。

・私たちは過去を完璧に手放さないといけない。
　「その体験に感謝します。簡単ではなかったし、その体験はサイア

クだった。
しかし、もうそれは過去のものだ」と言うこと。
そして「私は内なる愛を受け取ります」と言う。
たしかに簡単ではないけれどもそれしかない。

・洗脳から覚めなさい。
万が一誰かから攻撃されたら、「誰もが平等に光を持っている」と伝えた人たち──マーティン・ルーサー・キング、ガンジー、ジーザス──はみんな殺されていることを思い出すんだ。
攻撃者に刃向かったら、攻撃者と同じレベルになってしまう。
罪のない人たちに原子爆弾を落とされたらどうする？
同じように落とし返す？
もっと大きな爆弾を作る？
今日、地球上にある爆弾は人類を何千回も抹殺することができるのを知ってる？
人間はそんなこともできるけど、同時に愛することもできる。
なぜならば私たちは自由だから。
たとえ刑務所にいたとしても私たちはハートを自由にすることができるし、愛する自由がある。

・僕がやるのは「ワークショップ（workshop・work は働くの意）ではなくて「プレイショップ（playshop・play は遊ぶの意）なんだ。
　自分の中の子どもの声を聞くのが「プレイショップ」だ。
　その時がくるまで何をやるか、僕にはわからない。
　みんな誰もが肉体に宿ったスピリットだ。
　肉体に入ったらスピリットを覚えていなくてはいけない。

・東洋人が観音様に助けを求めるように、西洋の人は大天使ミカエルに助けを求める。
　大天使ミカエルは炎の剣を持っていて、炎は変容の象徴なんだ。
　砂がガラスになるみたいに人間を透明にする。

・日本人は「原子」を破壊したらどうなるかを体験したでしょう？
　それを世界に伝えなくてはならないんだ。
　原子（atom、a-tom）はこれ以上分割できないという意味なんだ。
　それを分けたらいけないということ。
　もう一度私たちはいのちを取り戻すことをしなくてはならない。
　真実の愛とはひとつになること。
　誰かの言いなりになることが愛ではない。
　すべてがつながっている場所から僕は愛する。
　すべてのエネルギーの源は太陽だ。
　破壊し、汚染してエネルギーを取り出すのを止めること。

・怖れのシステムによって人間はロボットの奴隷みたいになっているけれどもそれも度をすぎると目を覚ます人が増えて来るのだと思う。

インナーチャイルド

「条件付けされる前の、子どもだった時を思い出しなさい。
子どもはしたくないことをしない。
この瞬間にほんとうにほしいものを望み、はっきりと
「いらないものはいらない」
「ほしいものはほしい」
と表現すること。
大人が押しつけない状態を作ること。
「考え」で決めないこと。
好きな香りに深く入って、インナーチャイルドとつながると人生で
必要なものが入ってくる。
インナーチャイルドは愛されているということを感じないといけない。
植物は愛の存在そのもの、私たちの息を受け取り、酸素を作ってくれ、
食べ物も作ってくれる。」

・何とも比較せず、そのままの自分に誇りをもつ。
　そのままの自分を受け入れて。
・私は悲しみ、怖れ、怒りなどといった犠牲者の役割を引き受けない
　ことを選ぶことができる。
　「私はその体験をしたことを感謝する」という人生の創造者へと変
　容することを決める。

・感情に調和をもたらし、深呼吸する。
　そうすることによって、「今ここ」にいる。

・「究極の母親」は自分の中にいる。
　遠い存在ではないんだよ。

・まず最初に自分のインナーチャイルドの世話をしないといけない。
　実際の子どもの世話をするのはその後だ。
　子育てをする時は地球の一員として育てるんだよ。
　子どもと交流する時は創造的な交流をすること。
　そのためには肉体、感情、精神、スピリットとしての総合的な自分
　を意識する。
　「総合的現実」をもって子どもたちと接する。
　そうやって料理するみたいに現実を作っているからね。
　自分を大事にしながら、コミュニケーションをとるんだ。
　自分を大事にするには、自分のほしいものをちゃんと知ること。
　自分のほしいものがわからなかったら、身体を大事にすることがで
　きないだろう？

・子どもたちと歌わないと！
　でもその前に自分のインナーチャイルドと歌わないとね！

・小さい時に正しい栄養が与えられないと精神的な不安定さに通じる。

・しっかりと愛されていないから自分は何も持っていないと思うよう
　になる。
　これは子宮の中から始まる。
　これには教育が必要だ。
　教育は子宮から始まる。
　奪う社会からお互いケアしあう社会へ移行する必要がある。

しかし法を一番上に置くのは違う
　（人は怖れから法を守る）。
　正しい食事、男性と女性が仲よくすること……などどうしたら創
　造的で前向きな人間同士の相互交流ができるか探ることが真の教
　育である。

・自分の中の小さい子ども（インナーチャイルド）は何をしたいか知
　っているので、その子としっかりつながろう。
　その子といっしょにいる静かな時間を取ること。
　社会はその子といっしょにいることを許さない。
　なぜならコントロールすることができなくなるから。
　社会は野菜畑のように整然と人間をさせたい。
　インナーチャイルドは好きなように生える自然の森のようなもの。
　ルールはないけれども、それでパーフェクトな状態。
　社会的なルールは必要だが、制限が強すぎるとインナーチャイル
　ドが出てこられなくなる。
　子どもを完璧に無視すると方向性を見失うのはそのためだ。
　どっちに行ったらいいかわからない大人になる。
　内なる子どもを自由にして、シンプルでいなさい。

・ちょっと、遊ばない？　内なる子どものために。

・インナーチャイルドは愛することを学ぶ前に愛されないといけない。
　愛を感じて、愛を受け取らないといけない。

・「インナーチャイルド」の概念は「自分を客観視すること」。

・自分の本質を生きるためにインナーチャイルドを癒す。
　最初に自分のインナーチャイルドを育ててあげる。それからその子
　を自分の一部として、宇宙の一部として扱ってあげるんだ。

許し（ホ・オポノポノ）

・毎日、自分を許す儀式をすること。
　「私は自分を裁いてしまう自分を許します」
　「私は私を愛します」
　と、繰り返し唱えるといい。

・あせらなくていいんだよ。

・生徒「あせるんです」
　ミカエル「人生の時間、タイミングはすべて正しい。
　すべてが大切な時間なんだよ。
　明るい時間だけではなく、夜は大切な時間だ。
　自分に厳しくして、ムリに物事を押し進めなくていい。
　自動ドアはがんばって開けるものではないでしょ？　同じこと」

・人生から恵みを受け取るには被害者意識を超える必要がある。
　被害者意識を持つか持たないかは自分の選択の問題だ。
　怖れ、悲しみ、怒りを変容させると自分で決めること。
　それが起きたことを認め、被害者でい続けることをやめて、人生
　の創造者であることを選ぶ。

第5章

叡智

編

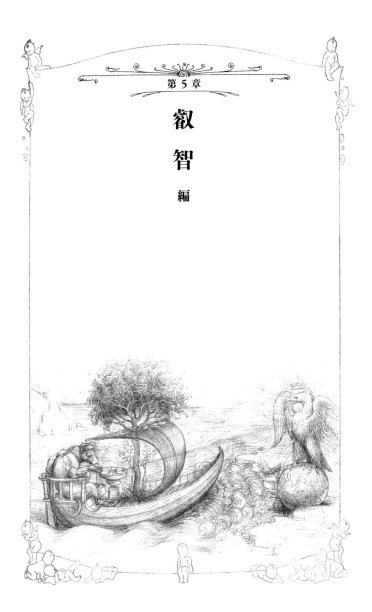

ミカエルの叡智

彼の叡智の言葉を細かいテーマごとに分けました。
ミカエルの洞察は日常の些細なことから人間の深遠な部分にまで及びますが、すべていのちに基づき、愛の目で見ています。

【光と闇】

・地球にいるのだから、「夜」もよろこんで受け入れよう。
　夜明けは必ず来るのだから。
　私たちはサイクル（周期）がある場所に住んでいる。

・光は闇のあるところを探すんだ。そして照らす。

・灯台になりなさい。そして結果を気にしないことだ。
　船は灯台を見て進む方向がわかるけれども、誰も灯台にお礼を言いになんていかない。

・私たちは常に「外」の悪と戦っている。
　しかし今こそ2つの極を受け入れる時である。
　それが生きるということだ。
　善や神のために戦う必要はない。

・暗い部屋と明るい部屋があると、光は暗い部屋に入っていくけれども、闇は明るい部屋には入ってこない。
　なぜ闇を怖れるの？　怖れることは何もないのに。

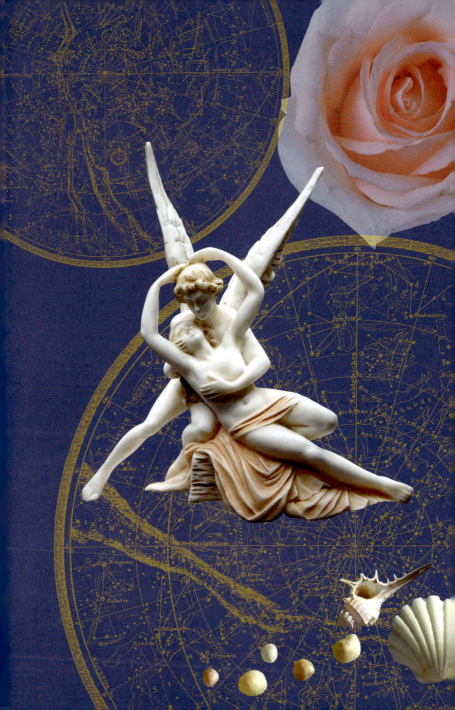

闇と戦わないで、光を広げて自分が自分自身の教師や賢者になりなさい。

・光に光を当てても影はできない。
　光は闇があるから見えるんだ。

・自分のロウソクに火を点けて、その火を分けるだけでいい。
　火を分けても減らないし、たくさんの人に光を与えることができる。

Q：社会的な闇はどうしたらいいの？
　ミカエル：光を増やすことだ。
　眠っているのを急に起こすと机を投げられるから、目を閉じている状態に少しずつ光を増やす。
　寝ていても、第3の目で光を感じているからね！

・グルというのは光を指し示す人だ。
　真っ暗な闇の中にかすかに灯りがあって、そこがドアで光がもれている。
　「ここに光がある、ここから出たら解放される。自分を闇から解放するんだ」
　と教えてくれるのがグルだ。
　でも人々はその光の隙間を見ずにグルの指先を見るんだ。
　そしてその指先をありがたがるんだけど、違う。
　洞窟や牢屋の中の光の隙間に向かっていって、外に出て、新鮮な空気を吸うのは自分なんだよ。
　これは新しい考え方ではなくて、昔から存在しているメタファーだ。

【生と死】

・瞬間瞬間が貴重なものであり、祝福である。

・死があるから人生は楽しい。

・私たちは死なない。私たちはスピリットの一部だから。

・毎日、毎瞬が旅である。

・毎日、よろこびで生きるために死を受け入れる。
　私たちは生きるために、飛ぶために、あっちの世界への出発に敬
　意を表すために、ここいるということを受け入れるんだ。

【人間社会】

・西洋社会の「オレの方が上だ」という考え方は人間関係を破壊する。
　愛のある交流が人間本来の正しいつながり方だ。

・僕はオリンピックが好きじゃない。
　競争が好きではないんだ。
　パラリンピックが好きだ。競争ではなく協力があるからね。

・人間はロボットではない。ひとりひとりユニークで、同じではない。

・他人を支配することで満足感は得られるかもしれないけれども、そ
　れは真のよろこびではない。

それは怖れで支配する満足だ。
愛は怖れのないところにしかないからね。
よろこびを体験しているかどうかで、ハートに従っているかどうか
がわかる。
それは肉体的なエゴの歓びとは違う。
それはレベルの違うものであり、ハートを深く満たすものなんだ。

・僕は自由でいたい、どんなルールからも。

・犯罪を犯すのは頭とハートが切り離されているから。
　彼らは何をしているか、わかっていない。
　「頭」だけは危険なんだよ。
　ハートとつながる必要がある。
　肉体、感情、精神、霊のすべてが人間を作っている。

【日々意識すること】

・自分の思考・叡智・直感を使うんだ。

・自分の信念が正しいかどうか常に自問自答すること。

・「自分が誰であるか」の意識をしっかりと持つ、そのために自分のス
　ピリットを見つけ出すこと。スピリットの意識をしっかり持っていた
　ら、状況を笑えるようになる。

・みんな死んだまま生きている。
　それを変えるためには「私たちはひとつであり、私たちすべては

神であり、私たちは常にともにある」という真実を知ることだ。

・人生を楽しむと細胞が調和する。不調和が病気の状態である。

・どんな小さなことにも、宇宙からのメッセージがある。
　だから日常のささいなことに意識的でありなさい。
　次の行動を決めるために、メッセージを受け取るんだ。
　すると、シンクロを体験する。
　シンクロは科学的に証明できるものではなく、私たちの理解を超え
　たもの。
　だからといって真実ではないということはない。

・物事があなたに共鳴するかどうかで決める。
　そしてそれは「当たり前だと思って受け入れる」か、「拒否する」
　かのどちらかである。

・直感に従うこと。
　目的地のことばかり考えずに、道中を楽しむこと。

・自分がしたいことをすること。

・他人をジャッジしないこと。

・「何かから解放される」という考えから自分を解放すること。
　その考えがその「何か」にパワーを与えてしまい、その「何か」の
　信念にとらわれるから。
　すでに自分は自由である、という真実を知ること。

愛しか私たちを自由にできない。
愛することは怖れからあなたを自由にすること。
愛が私たちを自由にする。

・人間は動物であると同時に聖なる霊でもある。
　私たちはどちらのあり方も選べる。

・新しい意識への移行のために破壊は必要ない。
　怖れを通さない変容は可能であり、新しい意識を受け入れればいい。

・自分を制限すればするほど、私たちは自分の世界をどんどん狭いも
　のにしてしまう。

・感謝の状態とは現実を受け入れること。
　「今、生きていることに感謝します」
　と言うことですべての体験に光をもたらすことができる。
　光のスイッチを入れるんだ。

・「被害者意識」があると、「加害者」を見つけるようになる。

・メキシコの旗はイーグルが蛇をくわえてサボテンに乗っているけれ
　どもそれは人類の苦しみの状態を表している。
　イーグルは天を表し、蛇は地を表す。人間はどちらも持っている。

・今は本質とつながっていない時代だから、師となる人は自分の道を
　追わせるのではなく、その人が進むべき道に目覚めさせてあげる
　こと。

高次元の自分、スピリットとつながって現実をそのまま受け入れて、
違う角度から物事を見るんだ。

・身体をリラックスさせるために深呼吸をする。
　頭の中をリラックスさせるために深呼吸をする。
　感情を調和させるために深呼吸をする。
　「今、この瞬間」に意識を合わせるために、深呼吸をする。

・美味しくてしあわせな食事は体内のハッピーなバクテリアに栄養を
　与え、悲しいと、しあわせになることをジャマするバクテリアに栄
　養を与える。

・何かを裁く時、私たちは「過去」を裁いている。

・人々は怖れのせいで墓に住んでいる。
　あなたが光をもたらす生き方を見せてあげなさい。
　「私はすべてひとつ（We are all one）」
　「私たちはすべて神（We are all god）」
　だって。

・私たちが何かを始めることができるのはこの瞬間しかない。

・脳をきれいにすること。
　きれいにする時に苦さを経験することも大事だ。
　苦い木の樹液は人間の薬になるけれども、木にとっては傷だとい
　うことを忘れないで。

・行動で示すことが一番の教えになる。

・自分を見失っちゃいけない。
 自分が誰であるか、ということに意識的でいるんだ。
 誰もあなたの ID を盗むことはできない。
 あなたが自分自身と共にいる時（※）、あなたはひとりになることは決してない。
 そうすることによって、「すべて（all one）」を常に意識するようになる。
 (※「何十年も前に、「ナード」の精油を塗って車を運転していたミカエルに、突然「愛」の気づきが訪れ、誰かが車に乗っているのかと思って周囲を見回したが、それは自分だった」という話の後の発言。)

・天然ではない化学合成されたたったひとつの香料分子でも、脳細胞にダメージを与える。

・鼻は真実を嗅ぎ分ける力を持っている。

【錬金術】

・錬金術の語源、alchemy の「al（アル）」は名前のない神、アラーからきていて、「chem（ケム）」はエジプトの言葉で分量を表す。
つまり何をどれくらい配合するか、という意味。

・私たちはどんな感情を持つかを選択できる。
それが真の錬金術だ。
ネガティブな怒りという鉛を金に変えることができる。

【よろこび・しあわせ・ハート】

・よろこびやしあわせは愛をおしつけることではなく、与えるよろこびの状態そのものなんだ。
よろこびと幸福は、一時的な快楽とは違うもの。

・幸福は「幸せになることを選択すること」だ。
未来への心配を手放して、過去の罪悪感を感じてあげることでこの瞬間に生きることができるようになる。
だから「プレゼント・present（現在）」というのだよ。

・伝統は伝統だけれどもハートをないがしろにしてはいけないよ。
除夜の鐘を年に一回しかつかないなんて、もったいない。
もっとよろこびの鐘がつけるようにカレンダーを変えればいい。

・ハッピーだったら、正しい道にいる。
幸福とは選択なんだ。

しあわせになることを選択する、ということは罪悪感や心配を手放す、ということ。
罪悪感は過去のものだ。過去を手放すんだ。
それができたらあなたはこの瞬間に生きていることになる。

・自分にとっていちばんいいもの、自分がよろこぶものを選びなさい。

・自分の中の神聖なものとつながる。
　人を支配するよろこびは本当のよろこびをもたらさない。
　愛は怖れのないところにある。
　ミラクルは自分の中にある。
　あなたがミラクルだ。
　すべての人はハートに従ってほしい。
　ハートを追いかけることがよろこびそのものだ。
　それはハートによろこびがあるかどうかですべてを決めることであり、単なる娯楽の体験ではない。
　それは娯楽とはレベルがまったく違うハートを満たすよろこびだ。
　心からの幸福感だ。

【石・クリスタル】

・石を入れると精油のエネルギーが変わる。

・人生の意味を取り戻すために石と精油は役に立つ。

【カルマ】

・僕は悪いことをしたから、悪いことが起きる、というカルマの説を
受け入れない。
地球にスピリットがやってきって「悪いこと」をする時、それは他
人が成長することを助ける。
私たちはここで生きて、成長するためにいる。
成長は「悪いこと」という障害物があるからこそ可能だ。
私たちはそれを乗り超え、努力することができる。
愛を知るために、自分の道を見つけ、しあわせになるために。
愛がなんの努力もなしに得られたら価値がないだろう？
愛の価値は愛がない場所、たとえば憎しみに可能性を与えること
だ。

【受け取り、与えること】

・「与える」ために「受け取る」。
何かを他人に与える時、あなたは他者に「受け取る機会」を与え
ている。
ハートから与えた時、あなたは光をもたらす。
あなたは「与えたという事実」から「受け取る」んだ。
光を放てば放つほど、あなたは光で満たされる。
あなたはただ光でキラキラしていればいい。
私たちは光の反射なのだ。
それが愛だ。
愛は光の反射だ。
それは私たちの内部にあるんだよ。

・多くの人が他人を助けることによって自分の使命を見つける。
　助けを差し出しなさい。
　愛をあげなさい。
　「私はここにいて、あなたを助けたい」
　と、オープンになって、誰かがあなたの愛を受け取ることを体験し
　なさい。
　受け取ることと奪うことは大きな違いがある。
　奪う時は必要を感じて、満たされたいから奪う。
　しかし受け取る時はたくさん受け取ることができ、同時に他人に与
　えるチャンスを与えている。
　「私は許し（forgive）を与えます、与えるため（for give）に」という
　「ホ・オポノポノ」の教えの一部だね。

・他の人に与える前に、もっともすばらしいものを自分に与えなさい。
　何かをなす前に、自分を大事にして。
　自分に一番いいものを与えるのは「奪う」ことではなくて「受け取
　る」ことなんだよ。
　「奪う」と「受け取る」の違いは、ハートがオープンかどうかの違い。

・自分が持っていないものを与えることはできない。
　まず自分が受け取らないと。

・「奪う」波動から「受け取る」波動へと変化させること。
　「受け取る」時は奪うことにはならない。
　それは相手とひとつになることであり、歩み寄る態度なんだ。

・「奪うこと」は「自分を満たしたいから奪う」、「受け取ること」は「私

は受け取ることに自分をオープンにする。私はいくらでも受け取れて、ゆたかだ」ということ。

受け取ることはほかの人に与える可能性があることでもある。

それは「許しあっている」状態であり、ハワイの「ホ・オポノポノ」の考え方でもある。

・「奪う」態度の人は「受け取る」態度を学ばないといけない。

なぜならば私たちは満ち足りた世界に住んでいるのだから。

金持ち競争をしたところで、死ぬのだから。

【男性と女性・セクシャリティ】

・男性は女性から奪わないことを学ぶべき。

男性は「受け取る」べき、なぜなら受け取ったら、奪わないから。

・男性は女性と違ってひとつのことしかできない。

それぞれの違いを大切にすること。

・古代では太陽が女性で、月が男性だった。

・女性蔑視は無知ゆえにしてしまうこと。

女性蔑視をする人は意識のレベルを上げる必要がある。

・日本人女性が暗がりでの行為を好むのはジャッジされることを嫌がっているから。

・制限なく、宇宙的なセックスをしたらいい。男女で、男男で、女女で。

・第1チャクラや第2チャクラだけではなく、すべてのチャクラを性行
　為の時に相手と統合すること。

・女性は光を与える存在だ。
　ネイティブアメリカンでは女性が太陽だ。
　女性を崇拝しているので、彼らが居住するティピの入り口は太陽
　が上る方角である東を向いている。

・男性に特に伝えたいのは、愛するため、愛されるために妻たちを自
　由にするということだ。
　「僕は義務からではなく彼女といることを選んでいる。
　僕は子どもたちといっしょにいることを選択する。
　義務からではなく、僕が彼らを愛しているからいっしょにいる」
　という態度が男性たち自身をしあわせにする。
　女性たちにはそれが簡単にできる。
　しかし男性にとっては選択なんだ。
　「子どもがたとえ悪いことをしても、僕は彼を愛している。
　そして彼が成長するためにいいエネルギーを与えよう。
　彼が自分自身や他人を攻撃するのには決して手を貸さない」
　という態度を選択する。

・男性の根源的な怖れは、自分の財産が本当の子どもにいくかどうか
　ということ。
　それは女性に裏切られているのではないかという怖れなんだ。
　それと逆なのが、自分のハートを信頼する態度だ。
　私たちはすべてつながっていて、みんな兄弟・姉妹であるから戦
　う必要がない、という信念。
　それがないとお金への怖れによる支配になってしまう。

・男性も女性もお母さんの子宮から始まっていて、少しの違いだけで
　臓器はほとんど同じだけれども、女性は生命を運び、いのちを与
　えることができる。
　女性を所有物として見ることはまったく神聖ではない。
　男性は女性を支配するのではなく、愛することをマスターすること
　だ。
　男性と女性は尊重しあって一緒に愛を学ぶべきだ。
　奪って、飲み終えたビールの瓶のように捨てるのではなく、与え、
　受け取るよろこびを分かち合う。

【宇宙・地球】

・(ミカエルの瞑想ルームにはエジプトの神様からチベットのタンカ
　(仏画)、大天使、マリア、観音といった様々なアイコンが飾られて
　います。そこでの会話です)
　この聖なる場所はいろんな色があって、愛のために作られている。
　宇宙には様々な色がある。
　多様なものが集まって調和する。
　アートと同じで、色々足し合ってアートになる。

何かを「創造」するとそれを気に入らない人もいるよね。
だけど、そこから何かを感じる人はその愛を受け取ることができる。
自然とそれは受け取っているんだ。
湖にロバを連れていくみたいにね。
誰も無理やりロバに水を飲ませることはできない。
でも、水はいつでもそこに存在する。
だから人に何かを与える時に大切な
のは強要しないことだ。
それが誰であっても。

・「今この瞬間」をひとことでいうと「永遠」である。
　人々は「永遠」を先のことだと思っているけれども「永遠」は時間外、
　空間外の「ここ」にあるんだ。

・ヒマラヤの仏教徒が行うウエサク祭は愛と叡智の出会いだ。
　愛と叡智はジーザスとブッダだ。
　知識と慈悲の出会い。
　西洋でのウエサクの祝い方は、ウエサクの満月に瞑想をする。
　この愛と知恵をすべての人のために再び、世界に広める時期が来た。
　「与え、受け取る」、それが分かち合うということ。
　十分あるのだから、本当は。
　我々はたっぷり満たされている世界に生きている。
　しかし子どもや年寄りを働かせて搾取し「奪う」人々がいる。
　「私は飛行機を買うことができる」
　「私は車を買うことができる」
　何のために？　目的地にもっと早く着くために。
　それはスポーツと同じだ。
　「自分は新記録を作った」
　「一位になって有名になった」
　有名な花形選手になって何になる？
　それから病気になったとしたらそれが何の役に立つだろうか。
　死んだ後もしばらくは話題になるかもしれない。
　しかし何の意味があるだろうか。
　愛を与え、受け取るという行為は数値で測ることはできない。
　それは謙虚さをもって自分が誰であるかを知り、自分を愛することだ。

・自然と同期したかったら、月に意識を合わせてみること。

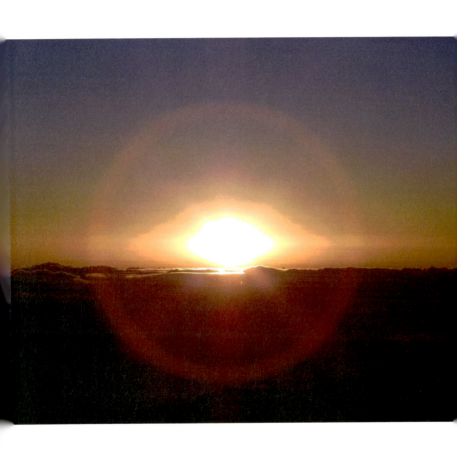

月の相は闇と光がうつりかわり闇で人は迷うけれども光は戻ってくる。
　自然とチューニングを合わせると自分自身と調和する。
　月の本当のサイクルは29日と半日であることを意識するんだ。

・ネイティブアメリカンの神話によると光が重量を求めて、ある日地
　球となった。
　地球は自分の重さがうれしかった。そして地球は植物、動物、人
　間を生んだそうだよ。

・地球は私たちのお母さんなのだから、大切にしないと。

・二元性を体験するために私たちは地球にいる。
　二元性を受け入れるんだ。
　二元性があるからこそ地球を歩ける。
　足は1本じゃ歩けないもの！

【日本】

・目に見えない世界がパワフルだということを受け入れること。
　思考では理解できないこともハートとスピリットは理解ができる。
　悲しみを乗り越える唯一の方法はよろこびだ。
　怖れに打ち克つには信念しかない。
　日本の民族は目に見えないものを感じる民族であり、日本は光が
　始まる場所。
　しかしそこには信念が必要だ。
　スイッチが入ったら誰もあなた方を止めることはできない。
　ハートから光を世界中に広げてほしい。

藤 波 直 子

東京都出身。米国ニューヨーク市パーソンズスクールオブデザイン・ファインアート科卒業。1991年株式会社ネイルラボ入社。1997年12月に初めて行ったインドにて女性と子供への虐待を目の当たりにし、ショックを受ける。
またインドのインフラの酷さを知って日本のインフラのすごさに開眼。
しかし帰国後、インドで虐待されている人々と似ている表情の日本の通勤途中の人々を駅前で見てショックを受け、また自殺率の高さを知り、日本人の問題について考え始める。

2004年ミカエル・ザヤットと出会う。
「君は君自身のお母さんになるんだよ」という言葉を出会ってすぐに受け取り、数年後にその意味を知って自立のマインドを手に入れる。
2008年株式会社天竺の事業を本格的にスタートした時に、日本人の心の問題に特化したアロマブレンド作成を依頼、以後ロングセラーとなる。数々のメンターに出会い、人間のボディ・マインド・スピリットについて学び、人がいのちを大切にし、しあわせに生きる道を模索している中ヒーリングアロマ（アロマ瞑想）をみつけだし、改良を重ねる。
2014年社団法人インターナショナルヒーリングアロマ協会を設立し、本格的に活動を開始する。

Special Thanks
Photo：マサ（ヒーリングアーティスト） 28-29p, 33p (Lotus, Dandelion), 59p, 65p, 67p, 69p, 88-89p, 93p
stock.foto / Shutterstock

愛こそすべて
エッセンシャルオイルの世界的権威ミカエル・ザヤットが紡ぐ珠玉の言葉たち

ミカエル・ザヤット／藤波直子 |編・著|

2019年4月24日　初版第1刷

発 行 人	松崎義行
発 行 所	ポエムピース 〒166-0003　東京都杉並区高円寺南4-26-5　YSビル3F tel：03-5913-9172　fax：03-5913-8011
デ ザ イ ン	冨田由比
印刷・製本	株式会社上野印刷所

落丁・乱丁本は弊社宛にお送りください。
送料弊社負担でお取替えいたします。

©Naoko Fujinami 2019 Printed in Japan
ISBN 978-4-908827-52-5